LOS GATOS ESFINGE

MARYSA STORM

BLACK RABBIT BOOKS

Bolt Jr. es publicado por Black Rabbit Books
P.O. Box 227, Mankato, Minnesota, 56002.
www.blackrabbitbooks.com

Alissa Thielges, editor
Rhea Magaro, designer

Names: Storm, Marysa, author.
Title: Los gatos esfinge / by Marysa Storm.
Other titles: Sphynx. Spanish
Description: Mankato, MN : Black Rabbit Books, [2025] | Series: Bolt Jr. Nuestros gatos favoritos | Includes index. | Audience: Ages 5–8 | Audience: Grades K–1
Identifiers: LCCN 2024020227 (print) | LCCN 2024020228 (ebook) | ISBN 9781644667170 (library binding) | ISBN 9781644667231 (ebook)
Subjects: LCSH: Sphynx cat—Juvenile literature.
Classification: LCC SF449.S68 S7618 2025 (print) | LCC SF449.S68 (ebook) | DDC 636.8—dc23/eng/20240517

Imágenes de Dreamstime/David Tadevosian, 20–21; Shutterstock/ Alexander Piragis, 1, 6, Eric Isselee, 4, 20, Gladkova Svetlana, 13, Jesus Vivas Alacid, 5, kapichka, 11, Katrin Baidimirova, cover, Kekyalyaynen, 23, Kirill Vorobyev, 10, Liza_Bird, 19, Nynke van Holten, 7, Polina Tomtosova, 3, 24, serhii.suravikin, 17, siridhata, 15, slowmotiongli, 12, Studio-N, 8–9, Sviatoslav_Shevchenko, 18

Contenido

CAPÍTULO 1

Conoce al esfinge

Es un día frío. Un niño se acurruca en una gran manta. Está cómodo y bien **arropado**. Su gato esfinge se acerca. Es un gato sin pelo. Se abre paso bajo la manta. ¡Es hora de acurrucarse!

arropado: confortablemente abrigado

COMPARACIÓN DE PESOS

Esfinge

6 a 12 libras

(3 a 5.5 kg)

Gatos especiales

Estos dulces gatos se ven un poco diferentes a los demás. Una pelusa corta les cubre el cuerpo. Pero parece que no tuvieran pelo. Tienen la piel arrugada. Los ojos y las orejas son grandes. La cola es delgada como una cuerda.

Ragdoll
10 a 20 libras
(4.5 a 9 kg)

PARTES DE UN Esfinge

cola
delgada
cuerpo
sin pelo

CAPÍTULO 2

Personalidad

Los gatos esfinge son **leales**. Les encanta estar cerca de sus dueños. No importa si están jugando o acurrucados. Pero no los dejes solos mucho tiempo. Pueden meterse en líos. Pueden arañar cosas que no deberían.

leal: apoyo constante a alguien o algo

DATO

Estos gatos se llevan bien con otros gatos y con perros amigables.

Gatos curiosos

Estos gatos son curiosos. Si algo les llama la atención, se ponen a **investigar**. Los gatos esfinge también son activos. Tienen mucha energía. Les encanta trepar. Tienen patas fuertes.

investigar: buscar información sobre algo

De dónde vinieron

Los gatos esfinge son de Canadá.

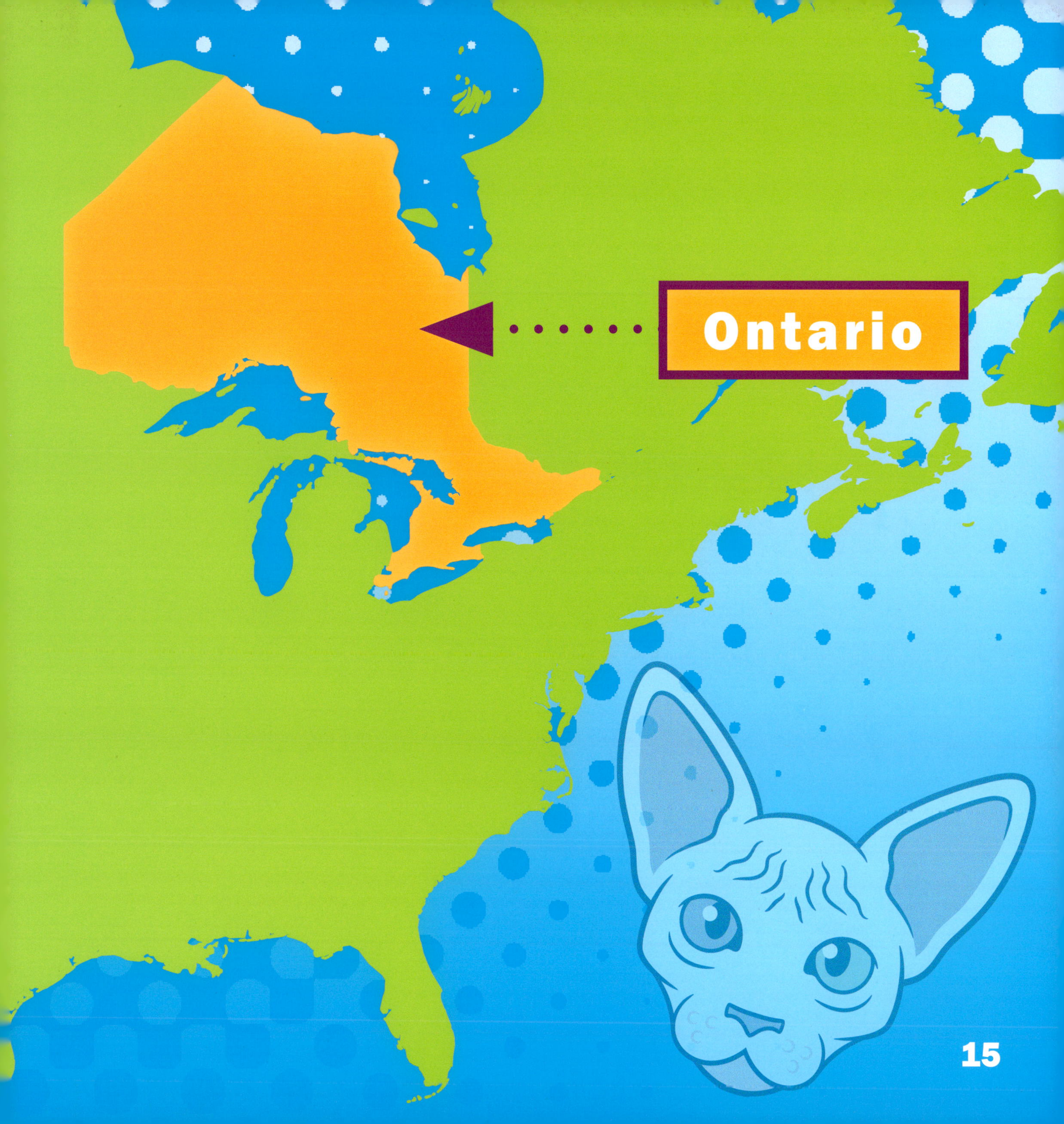
Ontario

CAPÍTULO 3

Cuidado del esfinge

Los gatos esfinge necesitan comida y agua. También necesitan cuidados especiales. Se les acumula grasa en la piel. Los dueños deben lavar a sus gatos semanalmente. Este lavado elimina la grasa.

DATO

Los gatos también necesitan que les cepillen los dientes.

Amigos para toda la vida

Los gatos esfinge necesitan cuidados extra. Pero sus dueños dicen que vale la pena. Les encantan estos gatos dulces y juguetones. A los gatos les encanta que los carguen y los acaricien. Son muy mimosos.

Altura del esfinge
8 a 10 pulgadas
(20 a 25 centímetros) de alto

Datos extra

Estos gatos sufren **quemaduras de sol** con facilidad.

quemadura de sol: piel enrojecida y dolorida debido a demasiada exposición al sol

El primer gato sin pelo nació en 1966.

Primero se los llamó **gatos canadienses** sin pelo.

Viven hasta 14 años.

GLOSARIO

arropado: confortablemente abrigado

investigar: buscar información sobre algo

leal: apoyo constante a alguien o algo

quemadura de sol: piel enrojecida y dolorida debido a demasiada exposición al sol

ÍNDICE